Julio Zelaya, PhD
Silvia Arce, PhD
Beatriz García, PhD

ATRAER, RETENER Y DESARROLLAR TALENTO;
GUÍA RÁPIDA DE APLICACIÓN DE
LA TRAVESÍA: EL PODER DE EMPRENDER.
Guatemala, Centroamérica, 2023.

48 p: 23 cm.

1. Atraer el Talento.
2. Retener al Talento.
3. Desarrollar el Talento.

Edición 2023

ISBN 9798391571711
Diseño y diagramación: YCREA

Fotografía de Portada
© Krusc I Dreamstime.com

ATRAER, RETENER Y DESARROLLAR TALENTO

GUÍA RÁPIDA DE APLICACIÓN DE
LA TRAVESÍA: EL PODER DE EMPRENDER

¿Cuál es su propósito?, ¿Qué le apasiona?, ¿Cuáles son sus habilidades?,
¿Qué beneficios le traerá? Tiene la oportunidad de escribirlo a continuación.

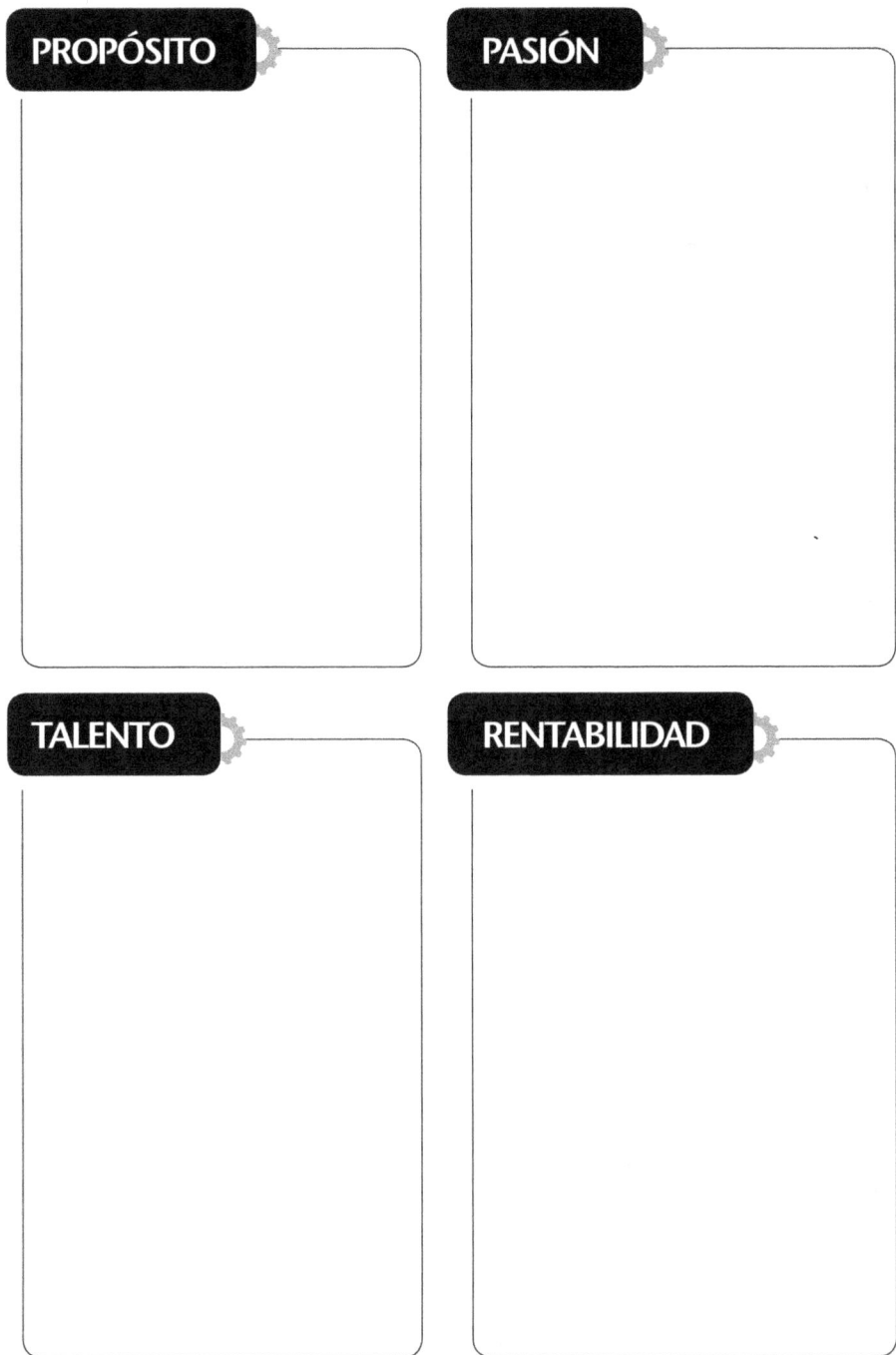

PROPÓSITO

PASIÓN

TALENTO

RENTABILIDAD

Mis prioridades de Desarrollo

En el siguiente espacio puede listar las actividades que debe desarrollar para alcanzar su objetivo.

Zona de Aprendizaje

Utilice estos apartados para escribir sus nuevos aprendizajes.

Zona de Acción → DEL SUEÑO A LA REALIDAD

Escriba su sueño y luego identifique qué actividades realizará para alcanzarlo.

 Promocione su empresa para atraer al mejor talento; luego, haga una cuidadosa selección de personal asegurándose que la persona que selecciona cumple con el perfil requerido.

 Asegúrese que su sistema de remuneraciones e incentivos sea el adecuado. Alinee a todos con la misión de la empresa para que se sientan identificados con ella. Disminuya sus índices de rotación de personal.

 Ayude a sus empleados a desarrollar sus competencias para que puedan cumplir con sus resultados. Ofrézcales retos nuevos.

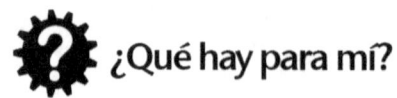 **¿Qué hay para mí?**

"Si veinte personas talentosas dejaran Microsoft, la empresa quebraría."

Bill Gates

Una organización no existe por sí sola ni es competitiva por sí misma; es competitiva cuando su personal es competitivo por lo que, aún cuando se trate de seleccionar a los candidatos mejor calificados, los gerentes deben asegurarse de desarrollar en ellos las capacidades o competencias que requieren para desempeñarse cada vez mejor.

Por ello, el capital humano (sus empleados), un concepto desarrollado por Gary Becker, en 1964, y que obtuvo el Premio Nobel por trabajar en las sociedades de conocimiento, se reconoce como el activo más importante de la organización puesto que la base para que su empresa sea eficaz, es lo que las personas saben y aprenden y, por lo tanto, contribuye a la mejora continua de las estrategias, las estructuras, los comportamientos y los sistemas.

Sabía usted que...

- Estudios realizados con empresas americanas reportan que sólo 19% de las personas desempeñan las funciones correctas.
- Las empresas más exitosas invierten considerables sumas de dinero en el proceso de selección de personal y programas de formación para procurar atraer y retener a los mejores talentos.
- El crecimiento y desarrollo de cada organización está altamente relacionado con el desarrollo de su personal.
- El crecimiento personal es un motor para la creatividad y el liderazgo.
- Un bajo índice de rotación produce estancamiento pero un índice muy alto causa inestabilidad en la organización.
- La remuneración que recibe un empleado no es el único motivo para quedarse en una organización; muchos prefieren la motivación que les da el trabajo que desempeñan.
- Un estudio publicado en Public Personnel Management Journal reportó que los gerentes que tomaron un programa de entrenamiento gerencial

- Investigaciones realizadas por el Instituto de Psicología del Trabajo de la Universidad de Sheffield, en Inglaterra, demostraron que la sola aplicación de algunas técnicas de coaching producían alrededor de un 18% de incremento en la productividad y en la rentabilidad.
- Cuando las personas están en paz consigo mismas, generalmente también lo están con su entorno; cuando el entorno, por ejemplo, la empresa en donde trabajan, les parece hostil, estarán cada fin de jornada, mirando el reloj para salir corriendo.
- IBM, España, calcula que el período mínimo para que un nuevo empleado sea productivo es de seis meses.
- Según un estudio también de IBM, sólo el 6 por ciento de las empresas gestiona el talento de forma integrada.
- El 80% de los puestos de trabajo que se ocupan no se anunciaron en los avisos clasificados ni en sitios web laborales.
- Según información del Bureau de Estadísticas Laborales de los Estados Unidos, la crisis económica de 2008 redujo dramáticamente los índices de rotación del personal (alrededor del 3%) pero se espera que, cuando los efectos de la crisis terminen y los empleados tengan nuevas oportunidades y la tasa de rotación vuelva a ascender dramáticamente.
- La rotación de personal se comporta de manera diferente según la edad, el género, el territorio, el nivel de ocupación y la antigüedad (los jóvenes fluctúan más). Si la renuncia se da por motivos personales, las mujeres son las más fluctuantes mientras que si se da por motivos laborales, la rotación más alta está en los hombres.
- La rotación disminuye entre las personas que tienen diez años o más de trabajar en una empresa.
- La mayor tasa de rotación se registra en los puestos menos calificados.
- Los empleados de alto potencial tienen una rotación laboral menor a la del personal promedio, siempre y cuando la empresa brinde los beneficios necesarios para retenerlo.

¿Cuál es el Objetivo del Curso?

El objetivo del curso es que usted diseñe estrategias que le permitan atraer, retener y desarrollar a su recurso humano.

Para alcanzar ese objetivo, se desarrollan los contenidos que se listan a continuación.

Contenidos

✓ Atraer al talento.

✓ Retener al talento.

✓ Desarrollar el talento.

A lo largo del curso comprenderá por qué esta responsabilidad del empresario es una de las más importantes ya que su éxito es directamente proporcional al de su personal.

¡Bienvenido!

 **Autoevaluación**

Antes de desarrollar el contenido del curso, queremos que usted evalúe las habilidades que tiene para atraer, retener y gestionar el talento (capital humano) que a diario le apoya en el crecimiento de la empresa; retomaremos esta autoevaluación al finalizar.

Selección del talento humano.

- Liste cinco preguntas que usted hace durante una entrevista para seleccionar al mejor candidato.

Retención del talento humano

- ¿Cuándo fue la última vez que se reunió con sus empleados para revisar la visión de la empresa?

- Si usted encontrara, sobre el escritorio de uno de sus mejores colaboradores, copia de su Curriculum Vitae y un anuncio publicado en Clasificados ¿cómo reaccionaría? ¿sabría por qué está pensando en abandonarlo? Explique.

- Si, durante el año pasado, de un total de 50 empleados, 20 le renunciaron y 10 personas entraron a trabajar ¿cuál fue su índice de rotación?

Con sólo responder estas preguntas ¿tiene una idea de qué clase de "atrege" es?

ATREGE: Atrae, retiene y gestiona.

"Encuentren qué

es lo que hace mejor cada uno de sus supervisados directos y qué es lo que más quieren; entonces unan sus talentos únicos y la pasión por la necesidad del trabajo. Con pasión, las personas no necesitan supervisión ya que generarán, por sí mismas, soluciones creativas a los problemas".

Steven Covey

Hasta no hace mucho, se creía que el éxito de una empresa se cuantificaba por sus activos (edificios, equipo y mobiliario, vehículos y otros) pero eso cambió; en la actualidad todos los empresarios saben – o deberían saber - que su valor más preciado es su capital humano. Si no, basta con comparar los activos de empresas como Google con el valor del talento que trabaja en ella. Para que una empresa tenga éxito debe crear ventajas competitivas sostenibles y no hay ventaja más grande que contar con personas talentosas que hayan desarrollado las competencias requeridas para desempeñar cada uno de los puestos de la empresa. Por ello, atraer, retener y gestionar al personal significan lo mismo: gestión del talento empresarial.

El fenómeno de la gestión del talento empresarial fue muy bien explorado por Mckinsey en su artículo "La guerra por el talento", ya que reveló la importancia de la captación y el desarrollo del talento para crear ventajas competitivas; además informó que casi el 75% de los gerentes de recursos humanos lidian a diario con el problema de atraer y retener ejecutivos.

En un mundo cada vez más competitivo, ya no existe ninguna empresa que esté segura con lo que ofrece, produce o vende. La posibilidad de mantenerse y expandirse descansa, en un alto porcentaje, en las personas que trabajan en ella quienes generan las ideas, trabajan con pasión y hacen todo lo que esté a su alcance por lograr que la empresa tenga éxito. Incluso empresas que producen artículos que son fáciles de vender, fracasan por no tener al personal adecuado. Por ello es precisamente que muchas organizaciones invierten fuertes sumas de dinero en atraer, retener y gestionar a su personal.

¿Cuánto invierte usted?

Gestionar al personal significa, entre otros, conocer qué competencias requiere cada uno de los puestos de la empresa, atraer a las mejores personas a esos puestos, determinar qué competencias tienen desarrolladas y cuáles se les debe ayudar a desarrollar, crear un clima laboral que promueva el crecimiento y el desarrollo de los empleados y diseñar y emplear estrategias para retenerlos. Por eso se dice que gestionar el talento implica asignar a la persona correcta, en el puesto apropiado y en el momento preciso.

El ciclo de la gestión del talento es el siguiente:

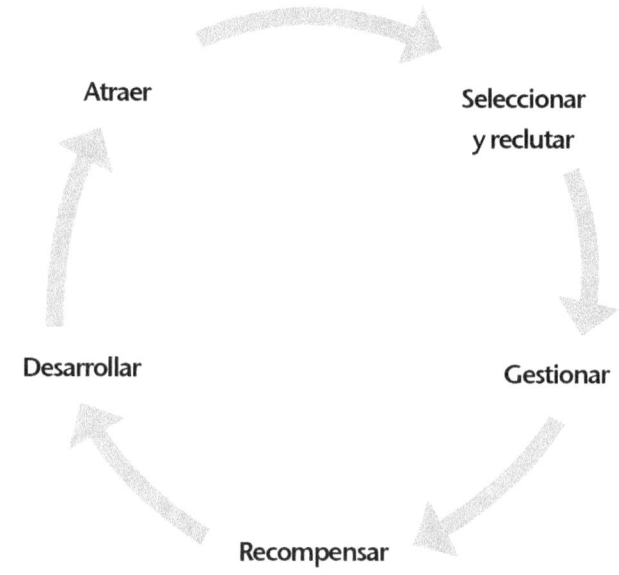

A continuación le ofrecemos algunas ideas para hacer lo mejor para atraerlos, retenerlos y gestionarlos.

Atraer el Talento

Antes de conseguir su primer empleo ¿qué características buscaba en sus posibles empleadores? ¿qué le atraía de ellos? Tome en cuenta que, de la misma manera que una empresa busca que la persona que va a contratar tenga un perfil que le convenga, las personas que buscan trabajo tienen un perfil pre-concebido de las empresas en donde les gustaría trabajar: ¿es la remuneración que ofrece? ¿es la posibilidad de desarrollar una carrera? ¿es la flexibilidad de horario?.

Monster.inc.com, un importante sitio de búsqueda de empleo, aplicó una encuesta para determinar en qué se fijan los candidatos cuando buscan un trabajo; encontró que, para el 17%, lo más importante es la remuneración económica; el 14% prefiere lo que el ambiente laboral le ofrezca; otro 6% respondió que le importan las prestaciones que reciba; el 5% prefiere que la empresa sea importante.

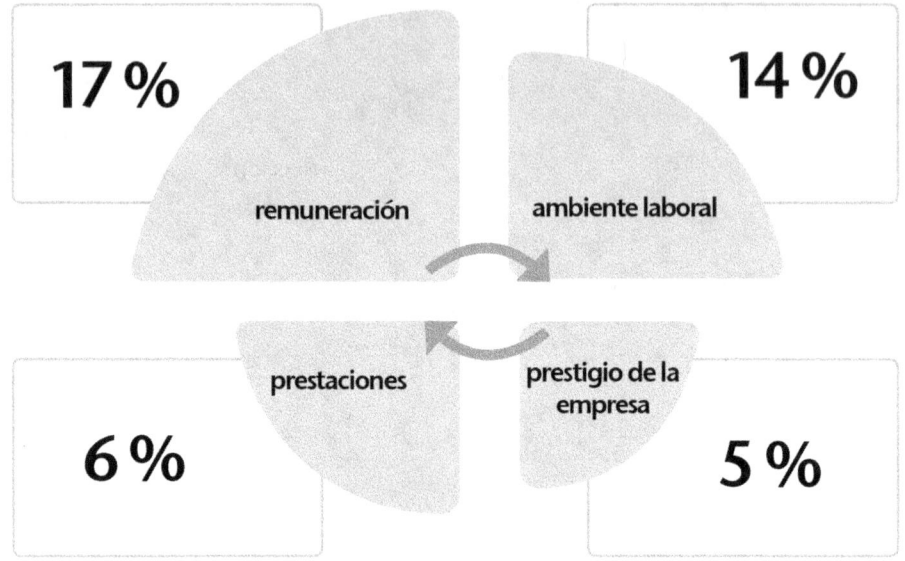

17 % remuneración

14 % ambiente laboral

6 % prestaciones

5 % prestigio de la empresa

Por otra parte, una encuesta publicada por Manpower encontró que un 45% de los entrevistados manifestaron que las posibilidades de desarrollo profesional es lo que más les atrae; un 26% indicó que es el ambiente laboral; para el 13% la flexibilidad es lo más atractivo mientras el 7% indicó otros factores; sólo para el 6% de los entrevistados lo más importante es el salario.

¿Cómo atraer entonces al mejor talento?

- Promocione a su empresa; deje saber por qué las personas quisieran trabajar con usted (cultura empresarial, estilo de dirección, prácticas laborales, beneficios, etc). Una buena forma de hacerlo es utilizar las redes sociales.
- Asegúrese que el perfil y los requisitos del puesto es lo que usted necesita.
- Responda todas las solicitudes que reciba; hágales saber que usted se interesa por tener el mejor talento.
- Mantenga un registro de candidatos actualizado; consulte ese banco antes de publicar una vacante.
- Participe en ferias de empleo.
- Ya sea que se anuncie en el periódico, por internet (hay varios portales de empresas que las personas consultan para buscar empleo) o por cualquier otro medio, esmérese en la información que incluye en el aviso; elabore un mensaje claro sobre lo que usted busca y sobre lo que ofrece.

- Calcule el sueldo ideal; tome en cuenta que el monto con que se va a remunerar el trabajo de una persona no sólo la atrae sino es importante para retenerla.
- Prepare una guía de entrevista que utilice durante ese proceso y que le permita explorar hasta qué punto el conocimiento, la experiencia, la motivación, la personalidad y los valores de cada candidato se ajustan a lo que usted está buscando. Pregúntele cómo contribuiría al éxito de la empresa. Recuerde que debe contratar a la persona que reúna los requisitos que usted estableció en el perfil del puesto (asegúrese que llena tanto el perfil académico como personal y que tiene la experiencia necesaria). En una encuesta realizada por The Career Makers se le pidió a 150 especialistas en selección de personal que dijeran que buscaban en un candidato; las respuestas fueron: inteligencia y sentido común (65), presencia, visión, energía y sentido del humor (317) y hasta qué punto el candidato está a gusto consigo mismo (275). Por otra parte, de acuerdo con Materiz Biz, un portal de personas vinculadas al mundo de los negocios, las características fundamentales de una persona con un alto potencial, son: pensar más allá de los límites, curiosidad y entusiasmo por aprender, empatía y entendimiento social, equilibrio emocional; determinar ese potencial es la meta de la entrevista de selección de personal.
- Evite descartar a uno o más candidatos por puro prejuicio. Michael Roberts afirma que los ejecutivos deciden si un candidato les gusta o no en los primeros 20 segundos; la media hora siguiente la gastan en justificar su decisión "Una vez que uno se ha formado una opinión, sólo ve lo que quiere ver", agrega.
- Asegúrese de verificar las referencias laborales y personales.
- Identifique cuáles son los cargos en donde se dan los más altos índices de rotación; establezca los motivos. Si el índice de rotación es alto, es casi seguro que el proceso de selección para esos puestos no ha sido el adecuado.
- Pídales a sus empleados responder una encuesta anónima acerca del por qué trabajan en la empresa.
- Organice un sistema de pasantías (estudiantes universitarios que pueden trabajar medio tiempo en su empresa).
- Ofrezca la posibilidad de participar en programas de capacitación.
- Fomente que sus empleados se conviertan en cazadores de talentos (en muchas empresas, incluso, se les da una bonificación o un incentivo cuando se contrata a una de las personas que recomendaron).
- Pida a las personas que renuncien que completen una encuesta indicando por qué se retiran.

¿Cómo se atraer al mejor talento?

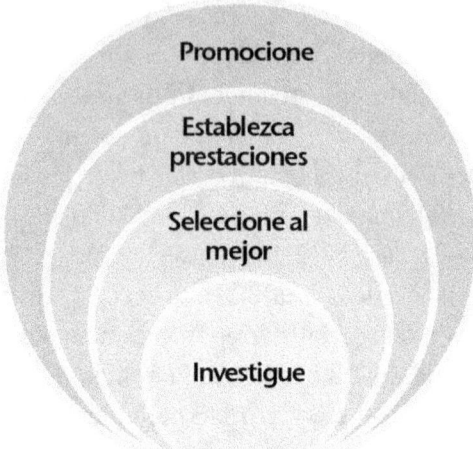

Steven Berglas, Consultor en Gestión del Talento y Coach de altos ejecutivos de compañías Fortune100, sugiere las siguientes estrategias para hacer más atractiva a una empresa en la guerra por el talento:

- Defina qué es lo que diferencia a la empresa; qué la hace especial.
- Genere expectativas realistas: por mucho que se esfuerce en seleccionar al mejor, siempre tendrá deficiencias que habrá que superar; asigne al mejor en el puesto que más se ajuste a sus competencias pero asegúrese de reconocer bien esas competencias.
- Elimine las barreras para el éxito del nuevo empleado: asígnele funciones que pueda cumplir mientras desarrolla las competencias requeridas para desempeñar otras.
- Sea flexible: la tendencia actual es responder a las necesidades del talento; por ello, hay trabajos con horario flexible o de medio tiempo, por ejemplo.
- Ofrezca paquetes de compensación creativos: el salario no lo es todo; puede combinarlo con una diversidad de otros incentivos como un porcentaje de las utilidades, bonificaciones, descuentos, etc.
- Ofrezca el equilibrio entre la satisfacción que da el trabajo y el que brinda la vida personal; amplíe el período de vacaciones anuales, concédales un día libre de vez en cuando.
- Ofrezca programas de becas.
- Tome en cuenta que si no elige al personal adecuado, va a tener que estar lidiando con una serie de problemas como conflictos con los otros empleados, pérdida de clientes, rotación de personal, etc.

Retener el Talento

"Las personas no abandonan su empresa, huyen de sus gerentes"

Lynda Ford, The Ford Group.

Edward Lawler III, Especialista en Gerencia de Recursos Humanos, Compensaciones, Desarrollo y Eficiencia Organizacional de la Universidad de Southern California afirmó que, para retener personal:

"muchas de las iniciativas que se pueden desarrollar no tienen que ver con dinero"

Actualmente las personas siguen valorando el buen salario pero también si el trabajo es gratificante y presenta desafíos, si se le trata con respeto y si se escuchan sus ideas, entre otros.

Jorge Silva, Gerente general de Microsoft afirma que una de las maneras de retener talento es contar con una oferta integral para los empleados: el clima organizacional, la pasión por hacer un mundo diferente por medio de la tecnología, los constantes y nuevos retos profesionales, el desarrollo de planes de carrera y el empoderamiento son atractivos casi irresistibles. "En la compañía trabajamos en planes de crecimiento profesional; por ejemplo, había una profesional del Departamento de Mercadeo que decidió dar un giro a su vida laboral y dedicarse al Área de Recursos Humanos. La compañía la apoyó y hoy ha hecho una transición exitosa". Tome en cuenta que un empleado de alto potencial sólo permanecerá en una empresa si ésta le ofrece un horizonte de crecimiento interesante.

Agrega que también es muy importante cómo se manejan las crisis: cuando se presenta una crisis, se ataca inmediatamente y de manera transparente para poder minimizar su impacto. "Utilizamos una estrategia de comunicación enfocada hacia el conocimiento del problema y la forma de solucionarlo".

Tome en cuenta estas sugerencias:

- Permita que el empleado genere nuevos proyectos; conviértalos en emprendedores corporativos; esto logrará que se sientan involucrados.
- Monitoree de cerca el trato que los supervisores dan a los empleados. Un buen trato construye relaciones especiales y mejora el desempeño.
- Utilice frecuentemente expresiones como "nos sentimos orgullosos de que trabajen con nosotros"
- Evite que se produzcan barreras de comunicación dentro de la empresa.
- Mantenga la comunicación: manténgalos informados de cuál es el rumbo que está tomando la empresa y, por lo tanto, el rumbo de cada uno de ellos.
- conforme equipos de trabajo no trabajo en equipo.

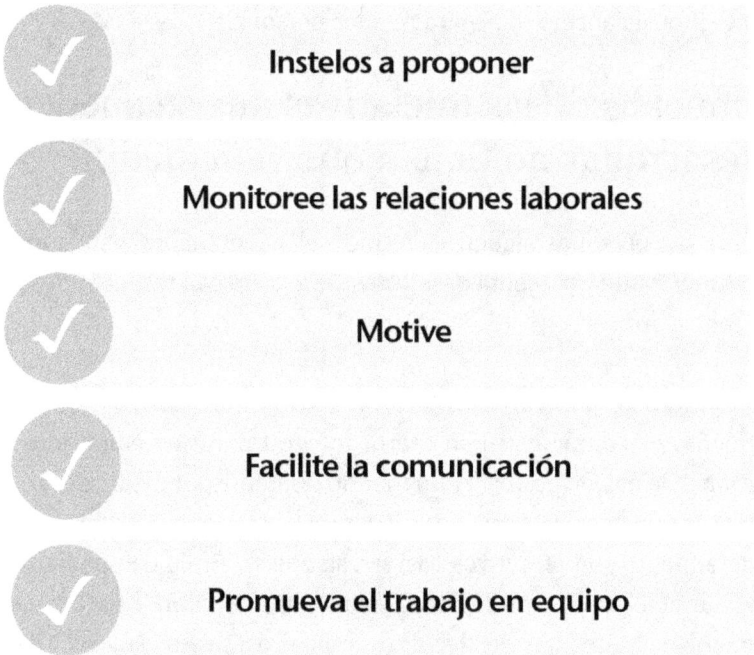

✓ **Instelos a proponer**

✓ **Monitoree las relaciones laborales**

✓ **Motive**

✓ **Facilite la comunicación**

✓ **Promueva el trabajo en equipo**

Acerca de la rotación de personal

Hay muchas razones para la rotación de personal. Angélica Pereyra realizó un estudio en 245 empresas de América Latina. Sus resultados indicaron, entre otros, que en un año, el 37% de todas las personas que dejaron las empresas lo hicieron voluntariamente y un 9% simplemente abandonaron su trabajo. Si lo analiza bien, el hecho de que un 46% de personas abandonan su trabajo de manera voluntaria es muy alto.

- Brecha entre el contenido del trabajo y el salario que se recibe por realizarlo. Si el trabajador percibe que le están pagando menos por lo que hace, buscará irse a una empresa en donde le compensen mejor. Además, la atención y el empeño que le pondrá a encontrar esta nueva oportunidad, irá en detrimento de su productividad. Según Robbins, esa brecha tiene que ver con la cantidad de recompensas que reciben los trabajadores y la cantidad que piensan deberían recibir.
- Clima laboral poco agradable. Si el clima laboral no es adecuado (se perciben, por ejemplo, favoritismos, tráfico de influencias, un liderazgo inefectivo, etc.), las personas buscan emigrar a otra empresa en donde el clima laboral sea más satisfactorio.
- Falta de motivación o estimulación moral y material. Como se indicó ya, muchas personas aprecian la motivación que reciben tanto como su remuneración.
- Tener un trabajo monótono que no les represente retos por lo que les crea una sensación de aburrimiento y estancamiento y sin tener la posibilidad de cambiar de puesto.
- Desconocimiento de cuál es su futuro dentro de la empresa; precisamente por ello, de acuerdo con varios estudios, en los últimos 15 a 20 años el porcentaje de empresas que informan su estatus a los empleados se incrementó considerablemente.
- Canales de comunicación cerrados.

¿Sabe cuál fue su índice de rotación de personal el año pasado?

Por lo general, la rotación de personal se expresa mediante una relación porcentual entre las admisiones y los retiros con relación al número promedio de trabajadores de la organización, en el curso de cierto período (un trimestre, un semestre, un año) con el fin de comparar los datos y tomar las acciones que se requieren.

Para calcular el índice de rotación de personal, utilice la fórmula siguiente:

$$\frac{\text{Cantidad de empleados que ingresaron} - \text{cantidad de empleados que salieron} \times 100}{\text{Cantidad total de empleados}}$$

Supongamos que su nómina era de 100 empleados; 10 se retiraron el año pasado y 20 entraron a trabajar.

$$(20\text{-}10)/100*100 = 10\% \text{ anual.}$$

Recuerde que perder un empleado significa perder el *know-how*; además representa un costo y crea la urgencia de reemplazarlo con alguien que quizá no sea el mejor. Si de todas formas, se retira, pídale que le responda una encuesta en donde le indique sus razones.

Gestionar el Talento

El verdadero talento es aquél que arroja resultados; es el 20% de las personas que trae el 80% de beneficios a la empresa.

Taylor definió el recurso humano como el "homo economicus" y, pese a que se ha demostrado que es el mejor capital con el que cuenta una empresa, todavía hay quienes lo ven como un simple costo que hay que controlar y no un recurso que hay que desarrollar para satisfacer la tendencia natural del ser humano a ser más de lo que se es y llegar a ser todo lo que se puede ser.

Gestionar o desarrollar al personal significa diseñar estrategias tendentes a desarrollar y aprovechar el potencial de los trabajadores, a desarrollar en ellos las capacidades o competencias que les permitan asumir nuevos retos y hacer más productiva a la empresa. Por ello, el desarrollo del personal debe considerarse desde dos perspectivas:

- La del colaborador: sus posibilidades de crecer en conocimientos y experiencia para lograr mayores responsabilidades, mejor status y mejores ingresos.
- La de la empresa: cómo mejorar las capacidades de sus empleados a fin de alcanzar los resultados que se esperan hoy y en el futuro.

Colaborador:

• posibilidades para crecer

Empresa:

• cómo ayudarlos a crecer

Miguel Bernal, Gerente de Recursos Humanos de la multinacional londinense Diageo, en Colombia, afirma que existen tres razones que han sido determinantes en que la empresa atraiga talento: foco en las personas, tanto en su desarrollo como en su crecimiento, continua preocupación por la calidad de vida y el balance que esto tenga en las personas, la búsqueda constante del talento y su crecimiento. "Si bien nos interesa promover a nuestros colaboradores para satisfacer las necesidades del negocio, destacamos el valor de hacerlo para que ellos sientan que están creciendo en el ámbito personal", agrega.

Una de las estrategias para gestionar el talento que utiliza Diageo es la conocida como Partners for Growth (Juntos para crecer) en la que el gerente y el empleado sostienen una conversación genuina acerca de las expectativas de desarrollo de carrera e incluso personales del trabajador durante el año; estos se traducen en indicadores (objetivos de corto plazo). Ese plan se utiliza después para evaluar el desempeño. "no es una herramienta de evaluación, sino de desarrollo. En ella se evidencian las debilidades de la persona, lo que permite que la empresa los motive a crecer", sostiene Miguel Bernal.

IBM tiene una estrategia similar. De acuerdo con José de Ramón, responsable de Soluciones para Capital Humano, la gestión integrada del talento en IBM consiste en identificar las personas con talento, desarrollar sus capacidades, asignarles a aquellos puestos de la organización donde se requieran esas capacidades, en el momento idóneo tanto para el profesional como para la empresa, al coste adecuado y con la motivación adecuada para desempeñar su función. Además indica que la brecha entre dos generaciones de empleados, se gestiona desde arriba, en sus equipos de líderes. Todo ello implica utilizar herramientas que puedan capturar información en tiempo real y que faciliten la toma de decisiones.

Por ello, dos preguntas deben rondar insistentemente la mente de los gerentes:

> ## ¿Estamos ofreciendo la posibilidad de que los empleados satisfagan sus necesidades?

> ## ¿Qué debe hacerse para aprovechar la inteligencia y la información con la que cuenta el empleado?

Algunas ideas para gestionar a sus empleados se presentan a continuación:

- Elabore las descripciones de funciones con base en resultados no en tareas; de esa manera, la persona sabrá exactamente qué debe lograr y esto servirá para evaluar su desempeño.
- Asigne a cada empleado en el puesto apropiado.
- Simplifique su organigrama; asegúrese que éste le permite a cada persona saber a quién debe reportar.
- Asegúrese de tener un programa de inducción; cuando una persona comienza a trabajar necesita saber exactamente qué debe hacer, para qué lo debe hacer y cómo lo debe hacer; cosas tan sencillas como saber en dónde puede servirse café, le hará sentirse seguro. Asigne un mentor (tutor) a cada nuevo empleado que llega hasta que sea necesario; saber a quién se puede recurrir cuando se tiene un problema, crea la sensación de no estar solos. Los mentores pueden inspirarlos a mejorar cada vez más su desempeño.
- Alinee a su personal con la misión, la visión y el plan estratégico de la empresa.
- Implemente programas de formación hechas a la medida de su personal. Muchos empresarios cometen el error de organizar cursos de capacitación de asistencia obligatoria. Si yo soy un experto en esa área ¿por qué debo asistir también? Haga un diagnóstico que le permita establecer en qué áreas cada empleado debe ser fortalecido. Saber que a usted le interesa que lo haga cada vez mejor, lo hará sentirse motivado y valorado; a la vez, la capacitación lo hará comprometerse más.
- Cultive una cultura de valores y de sinergia.

- Organice reuniones periódicas no para que el personal lo escuche a usted sino para que usted tenga la oportunidad de escucharlos a ellos: ¿qué problemas están teniendo? ¿qué ideas tienen para resolverlos? ¿qué perspectivas tienen?
- Recompense la formación. Muchos empleados son ambiciosos en lo que respecta al nivel académico que quieren alcanzar y, aunque muchas veces la carrera que cursan puede no estar directamente relacionada con el curso de la empresa, los conocimientos, las habilidades y las actitudes que desarrollen, impactarán en su desempeño.
- Evalúe el desempeño de su personal. Las evaluaciones de desempeño coadyuvan a revisar la forma en que se proyecta lograr los resultados y fijar nuevas expectativas para su futuro dentro de la empresa. Retroalimente el trabajo de cada uno de sus empleados. Víctor Spala, Gerente de Recursos Humanos de la empresa de soluciones informáticas TGV, cuyo índice de rotación anuales del 7 por ciento afirma: "Tenemos un proceso continuo de evaluación de desempeño. Cada perfil es apoyado en su crecimiento profesional y humano por un tutor; quienes superan sus objetivos son promovidos".
- Motive a sus empleados. Un empleado motivado hará cuanto esté a su alcance para lograr sus propias metas y las de la empresa; por el contrario, si está desmotivado hará su menor esfuerzo. Reconozca los logros mediante recompensas intangibles ("el empleado del mes", un reconocimiento durante una reunión, un día de permiso con goce de sueldo) o tangibles (un bono o un aumento salarial)
- Promueva desde adentro. Si se le presenta una vacante, antes de anunciarla afuera, considere quiénes de sus empleados podrían llenarla; esa práctica conlleva el mensaje de que hay lugar para su propio crecimiento y que a usted le interesa que ellos crezcan dentro de la organización.
- Ayúdele a confiar en sí mismo. Combine resultados que sabe que podrá alcanzar fácilmente con resultados que no será tan fácil de lograr. De esa forma, si está teniendo buenos resultados en un área pero malos en otra, no se sentirá tan inseguro.
- No se limite a capacitar a su personal; asígneles un coach que les ayude a determinar qué competencias debe adquirir o perfeccionar y que les ayude también en el proceso.

HCI determinó que las empresas que ayudan a mejorar a los empleados con un bajo desempeño, cancelan los contratos de quienes persisten en su actitud y diferencian las recompensas de los empleados de mejor desempeño, superan en resultados a otras organizaciones. "Estos hallazgos reflejan la importancia de los incentivos para mejorar la productividad individual y general" Sin embargo, la mayoría de los empleados no cree que sus organizaciones gestionen la rotación y las responsabilidades de manera efectiva; una encuesta aplicada a 14,000 trabajadores entre 2004 y 2005 reflejó que el 47% de empleados considera que la empresa los responsabiliza por su desempeño.

Por su parte, *Schein*, afirma que desarrollar personal significa alinear las necesidades del individuo con las de la organización, considerando que ambas son cambiantes.

Preocúpese por retener a su personal. *Robbins* afirma que los errores en materia de selección, dirección, capacitación, planificación de necesidades, motivación, salarios, premios y castigos llevan con el transcurso del tiempo a disminuir tanto la productividad del personal, como la lealtad de estos para con la empresa y se traduce en un aumento en la rotación. Sus efectos son notorios: costos en nueva selección, capacitación, niveles de productividad y satisfacción del cliente. Resultado final: caída en la rentabilidad.

CASO No. 1

Las empresas japonesas lograr retener a sus empleados utilizando el método de las 5S (por sus siglas en japonés):

*   Organización
*   Orden
*   Limpieza
*   Estandarización
*   Disciplina

Veamos cómo

El Ejemplo Japonés

Métodos de manufactura Lean y las 5 s

La manufactura Delgada (lean) agrupa una serie de métodos principalmente enfocados para minimizar el uso de recursos o reducir los desperdicios en la manufactura de equipos de trabajo. El término Lean fue acuñado por un grupo estudio del Massachussets Institute of Technology para analizar, a nivel mundial, los métodos de manufactura de las empresas de la industria automotriz. El grupo destacó las ventajas de manufactura del mejor fabricante en su clase (Toyota japonesa).

Método de las 5 s

Este método se refiere a mantener un orden y limpieza permanente en la planta de manufactura y oficinas para reducir el desperdicio en espacio y los tiempos de búsqueda.

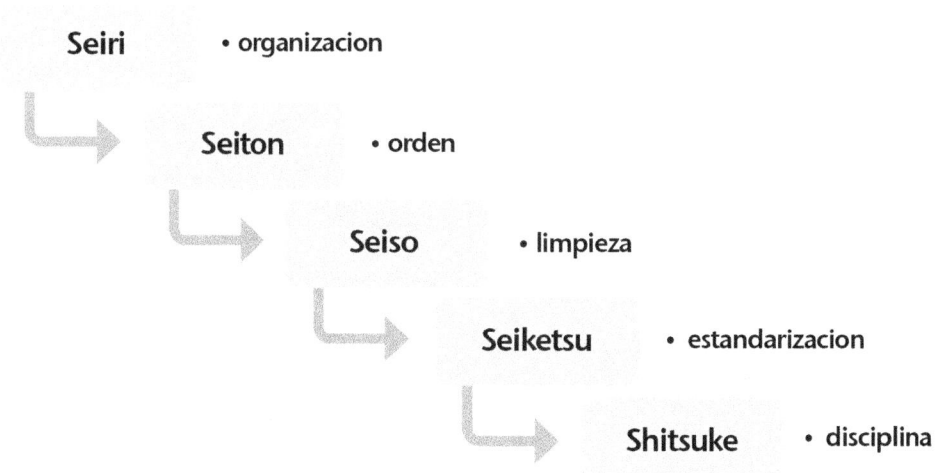

Aparte de los aspectos administrativos, del ejemplo japonés, otro pilar es su manejo de personal cuyo manejo se basa en los principios japoneses de dirección y gestión personal. Se habla del "familiarismo industrial", que significa que la empresa industrial o comercial no es considerada sólo en términos económicos sino que también se tiene en cuenta su personal. Esta gestión inicia con el análisis de lo que la empresa quisiera que fuera el status social y el estilo de vida presente y futuro, así como el desarrollo físico y mental de sus empleados; entonces actúa consecuentemente siendo responsable por sus trabajadores en cualquier circunstancia, no solamente laboral.

Por otro lado, Japón se ha caracterizado por tener una mayor "flexibilidad empresarial interna" en contraposición con la "flexibilidad laboral externa". La "flexibilidad empresarial interna" se entiende como la administración óptima de los recursos humanos por parte de los empresarios y se refiere a aspectos como la polivalencia de las fuerzas de trabajo, la suficiente inversión en el capital humano empresarial, incentivos salariales vinculados al rendimiento y una mayor soberanía de los trabajadores.

Reflexión....

1. Comente por qué estas cinco estrategias tienen un alto impacto en la productividad y en la calidad y, por lo tanto, logran retener a los empleados.

2. ¿Qué aspectos relacionados con la retención y desarrollo del talento se pueden encontrar en el sistema presentado en el caso?

En este caso se analiza el esfuerzo que el Sistema Educativo Chileno ha hecho para atraer, seleccionar y gestionar a sus profesores quienes son vistos como el talento más importante en la gestión educativa de ese país.

Regulaciones docentes: el caso chileno

La matriz actual del sistema educativo chileno comienza a conformarse durante la dictadura de Augusto Pinochet. En ese período se llevó a cabo la municipalización de la educación básica y se fijó un sistema de financiamiento a través de la demanda (vouchers). Como resultado de estas políticas, el sistema educativo chileno cuenta con una importante participación privada y con un amplio sector de escuelas privadas subvencionadas.

En el inicio de este extenso período de reformas jugó un papel fundamental la firma del Acuerdo Nacional que consagró el Estatuto Docente (1991), acuerdo que garantizó paz social y una base favorable en el contexto de consolidación democrática, satisfaciendo inicialmente las expectativas del sindicato docente, ya que implicaba recomponer un marco de relaciones y garantías entre los docentes y el Estado, profundamente afectadas por la experiencia dictatorial.

El nuevo Estatuto Docente incluyó nuevas regulaciones sobre la carrera docente, un acuerdo salarial y un mejoramiento de condiciones de trabajo. Pese a que el Colegio de Profesores no obtuvo respuestas a todas sus reivindicaciones, a partir de este acuerdo se generaron las condiciones para cambios posteriores sin ruptura del diálogo sindicatos-gobierno. En Chile, con excepción de la huelga docente de 1998, el diálogo y la concertación han primado sobre el conflicto.

Como una pieza clave y una prioridad del programa de reformas, se puso en marcha en 1996 un sistema de evaluación e incentivo al desempeño y al desarrollo profesional de maestros y profesores: el Sistema Nacional de Evaluación del Desempeño Docente (SNED). El SNED asocia un incentivo salarial al desempeño de los docentes. Adicionalmente, sirve de guía para evaluar a las escuelas al entregar información a la comunidad escolar, integrando la medición de distintos aspectos relacionados con la calidad de la enseñanza y comparando establecimientos que atienden a una población similar en cuanto a sus características socioeconómicas.

En Chile la política hacia el magisterio se ha modificado de una condición jurídica de empleados públicos regulados por un estatuto común, a la «privatización» del trabajo docente al incorporarse a las municipalidades como trabajadores regidos por la ley laboral común, y con condiciones de empleo que se fijan por negociación entre el empleador y el trabajador (sin posibilidades de negociación colectiva). De esta forma, el aspecto salarial se modifica de un régimen de remuneraciones establecido por tabuladores fijos a otro de extrema heterogeneidad salarial, que después se convirtió en un régimen mixto basado en una plataforma de remuneraciones comunes (Remuneración Básica Mínima Nacional) aseguradas por la ley y reajustadas automáticamente según el costo de vida, con tendencia a retribuciones según calidad del desempeño.

Reflexión....

1. ¿Por qué fueron importantes las medidas adoptadas por Chile en relación a los docentes?

2. ¿Cómo los incentivos en el trabajo docente propician la retención de los docentes?

Herramienta No. 1

Muchos empresarios seleccionan a su personal por lo que su intuición les dice, sin considerar si realmente la persona seleccionada es la correcta. En muchos casos, la selección intuitiva se debe a que no se sabe exactamente qué es lo que deben hacer y cuáles son las habilidades que requieren. Esta herramienta le orienta en cómo elaborar una descripción de puesto y, por lo tanto, hacer más objetivo el proceso de selección de personal.

ASPECTOS A CONSIDERAR EN LA ELABORACIÓN DE UN PERFIL DE PUESTO.

Datos generales del puesto

Actitudes, principios y valores fundamentales

Experiencias en áreas afines al puesto

Propósitos del puesto

Habilidades específicas necesarias para desarrollar el puesto

Competencias laborales requeridas para el puesto

Funciones del puesto

Ubicación del puesto

Responsabilidades y complejidad del puesto

Conocimientos específicos vinculados al puesto

Perfil del puesto : Escolaridad

Herramienta No. 2

ASPECTOS A CONSIDERAR EN EL PERFIL DEL CANDIDATO

Perfil descriptivo

Funciones desempeñadas

Formación necesaria (formación básica, específica, idiomas y experiencia).

Por ejemplo, si una de las cualidades que requiere el puesto es la de liderazgo, éste se debe definir de manera general y luego se establece el grado de desarrollo que se requiere para los distintos niveles.

LIDERAZGO:

Ha establecido una base sólida de confianza, dirigiendo a través del ejemplo. Define con claridad las expectativas y traza el rumbo para una ejecución exitosa. Delega apropiadamente, faculta a los demás para enfrentar los retos.

Delega Responsabilidad: Delega el trabajo apropiado a la gente apropiada. Confiere poder a los demás para que trabajen y solucionen problemas por sí mismos.

Brinda Orientación: Establece expectativas claras y una carga de trabajo razonable. Planea los pasos requeridos para alcanzar objetivos, sin perder de vista el panorama general.

Inspira Confianza: Es de fiar, cumple sus promesas y guarda reserva. Es honesto(a) y ético(a).

Herramienta No. 3

LO QUE NO PUEDE DEJAR DE PREGUNTARSE EN UNA ENTREVISTA DE TRABAJO

Objetivos y propósitos- propósitos de vida-propósitos de carrera

Tipo deseado de trabajo-tipo de trabajo-expectativas para el trabajo

Razones para seleccionar la compañia-conocimiento de la compañia

Cualificaciones personales-Fortalezas y debilidades

Selección de la carrera-razones para las decisiones

Cualificaciones para el trabajo-como la educación ha preparado al candidato

Preferencias geográficas-disposición de traslados

Principales realizaciones y logros

Herramienta No. 4

Ninguna persona puede cumplir, con la misma eficiencia, todas sus responsabilidades y, puesto que como se ha insistido, el crecimiento de cada miembro del personal también es responsabilidad de la empresa, es necesario diseñar procesos de formación/capacitación dirigidos a desarrollar las habilidades que todavía son incipientes. Por ello, los programas de formación no pueden dirigirse a todos los empleados; es necesario investigar qué necesita cada uno de ellos.

CÓMO DETERMINAR LAS NECESIDADES DE CAPACITACIÓN

Datos generales			
Este instrumento tiene, como objetivo, determinar cuáles son las necesidades de aprendizaje que tienen los miembros del equipo. El instrumento está dividido en varias áreas; le agradeceré listar un máximo de tres necesidades por área, justificando su respuesta en función de cómo la satisfacción de esta necesidad puede contribuir a mejorar su desempeño.			
Necesidades de aprendizaje			
Administración	1		
	2		
	3		
Computación	1		
	2		
	3		
Comunicación	1		
	2		
	3		

Zona de inspiración

Escriba sus ideas novedosas generadas por el aprendizaje que le ayudarán en el logro de sus sueños.

Zona de inspiración

Escriba sus ideas novedosas generadas por el aprendizaje que le ayudarán en el logro de sus sueños.

 **Bibliografía**

- Alkimia Consulting. **Atraer y retener al talento.** Fecha de consulta: 15 de octubre de 2011. En línea: http://www.alkimiaconsulting.com/pdf/AtraeryRetener%20al%20talento.pdf

- Anónimo. **El acierto de retener talento.** Fecha de consulta: 13 de octubre de 2011. En línea: http://www.ekosnegocios.com/empleadores/Articulos/4.pdf

- Anónimo. **Reglas para atraer talento.** Fecha de consulta: 17 de octubre de 2011. En línea: http://www.taringa.net/posts/economia-negocios/9781428/Reglas-para-atraer-talento.html

- Ballivian, R. y Gonzáles, C. **Los nuevos modelos de gestión del principal activo de una empresa.** Fecha de consulta: 13 de octubre de 2011. En línea: http://www.gestiopolis.com/canales6/ger/nuevos-modelo-gestion.htm

- Berglas, Steven. **Cómo mantener productivos a sus jugadores estrella.** Fecha de consulta: 17 de octubre de 2011. Harvard Business Review. América Latina. En línea: http://delp-courses.dextro.com/courses/hmm10/HMM10_LAS_feedback_essentials/resources/r0609f-e.pdf

- Flores, R., Abreu, J. y Badii, M. **Factores que originan la rotación de personal en las empresas mexicanas.** Daena: International Journal of Good Conscience. 3(1) : 65-99. Marzo 2008. ISSN 1870-557X.

- García-Huidobro, et al. (1999) **La Reforma Educacional Chilena.** España. Editorial Popular.

- Maxwell, John C. (2006). **The 17 Essential Qualities of a Team Player.** Becoming the Kind of Person Every Team Wants. Thomas Nelson.

- Mela, Marta. **El sueldo no es lo más valorado al buscar trabajo.** Fecha de consulta: 21 de octubre de 2011. En línea: http://noticias.iberestudios.com/el-sueldo-no-es-lo-mas-valorado-al-buscar-trabajo/.

- Roberts, Michael. **Nota sobre el proceso de contratación y selección de personal.** Harvard Business School. 304 S14 (3 de febrero de 1993).

 **Para profundizar**

Atendiendo a su interés de autodesarrollo, encontrará bibliografía del tema desarrollado en el curso. Las referencias pueden ser de utilidad en su trabajo.

- Chiavenato, Idalberto (2002). **Gestión del Talento Humano.** McGraw Hill.

- Chiavenato, Idalberto (2007). **Administración de Recursos Humanos.** McGraw Hill.

- Pardo, P. y Arteaga, P. (2009). **Gestión Social del Talento Humano.** Argentina. Editorial Lumen.

 **Glosario**

Entrevista de selección.

Reunión, generalmente de dos personas, destinada a evaluar el potencial de una persona candidata a un puesto. Generalmente, es la última etapa de un proceso de selección y la llevan a cabo personal especializado y/o el/la futuro/a jefe/a de la persona entrevistada.

Liderazgo.

Ejercicio de las cualidades de líder. Conlleva un comportamiento determinado para influir en el comportamiento de otras personas, o bien para cambiarlo para conseguir los objetivos de la organización.

Motivación.

Conjunto de factores o estímulos que determinan la conducta de una persona. La naturaleza de las motivaciones es enormemente compleja, existiendo elementos conscientes e inconscientes, fisiológicos, intelectuales, afectivos y sociales que están en interacción permanente.

Perfil de un puesto.

Características óptimas para el desempeño de una función laboral: formación, experiencia, aptitudes, liderazgo del candidato o candidata, etc. El conocimiento del perfil necesario para un puesto facilita el proceso de selección.

Plan de Carrera.

Es un método aplicable al desarrollo de futuras aptitudes, que se fundamenta en la colocación del colaborador en puestos de trabajo cuidadosamente estudiados para proporcionarle la oportunidad de desarrollar las competencias necesarias para puestos de exigencias mayores.

Recursos humanos.

En la administración de empresas se denomina así al trabajo que aporta el conjunto de empleados o colaboradores de esa organización. Pero lo más frecuente es llamar así a la función que se ocupa de seleccionar, contratar, forma, emplear y retener a los colaboradores de la organización. Estas tareas las puede desempeñar una persona o departamento en concreto junto a los directivos de la organización.

Rotación de personal.

Fluctuación de personal entre una organización y su ambiente; esto significa que el intercambio de personas entre la organización y el ambiente se define por el volumen de personas que ingresan en la organización y el de las que salen de ella. Por lo general, la rotación de personal se expresa mediante una relación porcentual entre las admisiones y los retiros con relación al número promedio de trabajadores de la organización, en el curso de cierto período. Casi siempre la rotación se expresa en índices mensuales o anuales con el fin de permitir comparaciones, para desarrollar diagnósticos, promover disposiciones, inclusive con carácter predictivo.

Talento humano.

Es la aptitud intelectual de los hombres de una organización valorada por su capacidad natural o adquirida para su desempeño. / Capacidad de la persona que entiende y comprende de manera inteligente la forma de resolver problemas en determinada ocupación, asumiendo sus habilidades, destrezas, experiencias y aptitudes propias de las personas talentosas.

Evaluación (Conocimientos)

Luis Von Ahn un guatemalteco que trabaja y vive en Estados Unidos inventó el sistema reCAPTCHA que utilizan alrededor de 850 millones de personas. También inventó el juego ESP que consiste en utilizar las habilidades y conocimientos de los individuos para resolver grandes tareas que las computadoras no pueden solucionar.

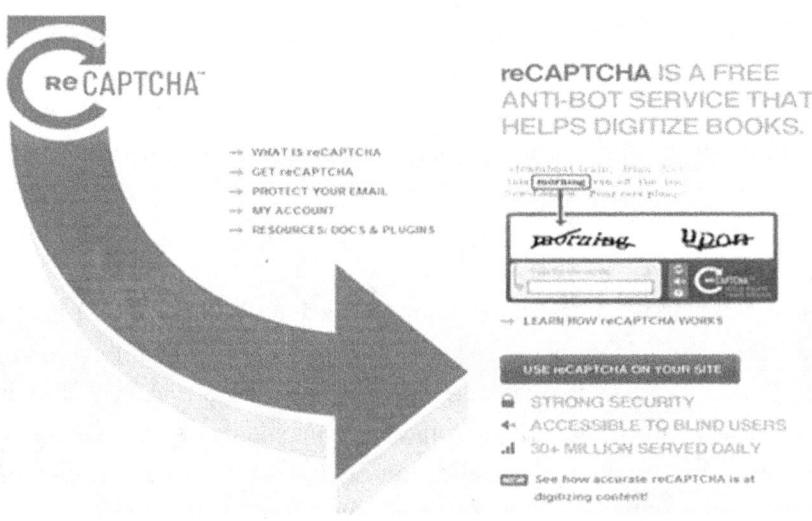

Preguntas de evaluación

¿Qué estrategias pueden implementar las empresas para atraer, retener y gestionar al talento?

¿Qué políticas podrían implementarse a nivel de Estado para evitar la "fuga de cerebros" ?

 **Evaluación (Conductas)**

¿Qué es la Ley de la Atracción?
La ley de la atracción es una ley por la que atraemos a nuestras vidas exactamente aquello en lo que más nos enfocamos.

La mayoría de los autores asocian a la ley de la atracción con la frase "te conviertes en lo que piensas" usualmente aplicado al estado mental del ser humano: Esto significa que los pensamientos que una persona posee (sean estos conscientes o inconscientes), las emociones, las creencias y las acciones atraen consecuencias que corresponden a experiencias positivas o negativas. A este proceso se lo describe como "vibraciones armoniosas de la ley de la atracción", o "tú obtienes las cosas que piensas; tus pensamientos determinan tu experiencia"

Aplique la siguiente herramienta ¿Es factible la Ley de la Atracción?

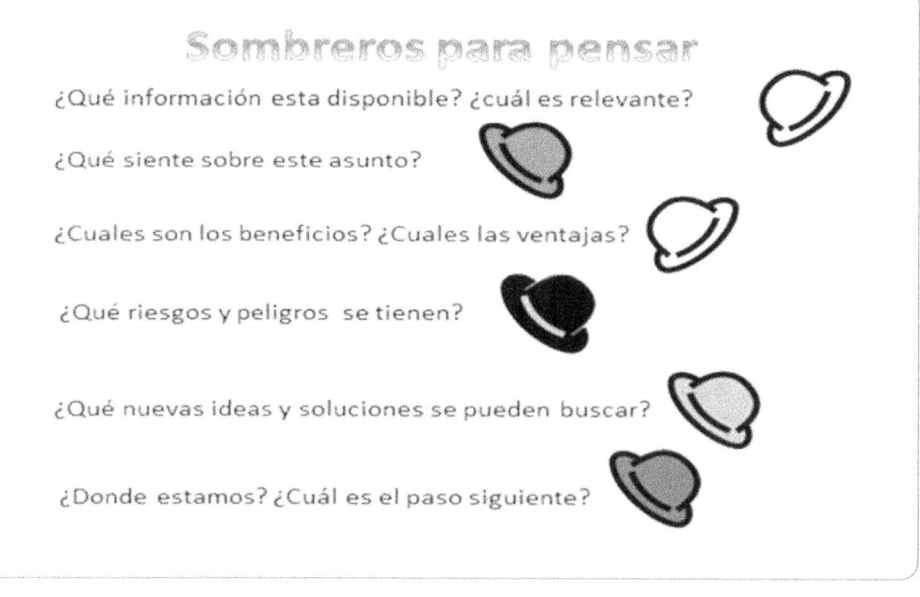

Sombreros para pensar

¿Qué información esta disponible? ¿cuál es relevante?

¿Qué siente sobre este asunto?

¿Cuales son los beneficios? ¿Cuales las ventajas?

¿Qué riesgos y peligros se tienen?

¿Qué nuevas ideas y soluciones se pueden buscar?

¿Donde estamos? ¿Cuál es el paso siguiente?

Anotaciones

www.ingramcontent.com/pod-product-compliance
Lightning Source LLC
Chambersburg PA
CBHW070518220526
45467CB00002B/726